COMO SER UM PAI QUASE PERFEITO

PAULO GUSTAVO DE LIMA

BRASIL, 2020

COMO SER UM PAI QUASE PERFEITO

Copyright © 2020 Paulo Gustavo de Lima

DEDICATÓRIA

Dedico este livro a Deus, pela oportunidade e pela confiança em ter me tornado pai e aos meus filhos, por me amarem de uma maneira especial.

A minha esposa e minha mãe, por serem as mulheres da minha vida.

INDICE

esperança

substantivo feminino

1. 1.
   sentimento de quem vê como possível a realização daquilo que deseja; confiança em coisa boa; fé (tb. us. no pl.).
   "e. de uma vida melhor"
2. 2.
   RELIGIÃO
   a segunda das três virtudes teologais, ao lado da fé e da caridade [Representa-se por uma âncora.].
3. 3.
   expectativa, espera, aguardo.
   "o filho é a sua e. de melhoria de vida"
4. 4.
   ENTOMOLOGIA·INSETOS
   design. comum aos insetos ortópteros da fam. dos tettigoniidae, esp. os que apresentam coloração verde; são providos de órgãos auditivos localizados nas bases das tíbias anteriores e a maioria das spp. produz um som característico; gafanhoto-verde, grilo, saúde, tucurunda.
   - ENTOMOLOGIA·INSETOS
     pequeno inseto (*Neoconocephalus triops*), brasileiro, de corpo estreito, encontrado esp. em pastos úmidos; esperança-da-cana, esperança-dos-pastos.

AGRADECIMENTOS

Aos meus pais por todo amor, mesmo quando eu não merecia; e por todo amor infinito que é dado aos meus filhos;

A minha esposa, a Cíntia, pelo amor e encorajamento que me foi dado para escrever este livro;

Aos nossos eternos líderes Márcio e Vilda, por acrescentar de maneira especial a nossa paternidade e maternidade;

A minha sogra, pela sua dedicação em ser a melhor avó do mundo.

Ao meu sogro, pelo seu mais profundo amor;

Aos meus anjos da guarda, Suênia e Roger, e toda a sua família, que se tornaram nossa: Enzo, Sara, Helena, Dona Fátima, Sidinho, Deane e Yasmim.

Ao meu amigo encorajador e escritor do prefácio, Rondinelli Palhares.

Ao Tio Emanuel Carlos Gonzaga Fernandes, por me ajudar corrigindo esse livro.

Ao grande professor Roberto Rocha, por revisar esta escrito.

Aos meus irmãos, Natália, Eduardo e Dominique.

PREFÁCIO

Conheci o Gustavo em uma comunidade cristã que em uma época frequentamos juntos. Ao longo da jornada, tive a oportunidade de me envolver com ele, não apenas fraternalmente, mas profissionalmente também e, ambos os cenários, algumas características marcantes:

Ele sempre se antecipava às situações que estavam por vir, oferecendo para mim e para outros, soluções que não estavam no nosso radar, o nome disso é PREPARAÇÃO.

Ele sempre foi adaptável, mas nunca conformado. Pude presenciar alguns direcionamentos que a vida, muitas vezes involuntariamente, o deu e ele nunca fugiu de suas responsabilidades, ele nunca teve problema em VIRAR A CABEÇA se preciso fosse.

Ele sempre foi CONSTANTE, sobretudo considerando suas novas ideias e seus novos projetos, nem tão rápido, nem tão devagar, mas sempre seguindo, sem parar.

E todas essas características o fizeram e fazem ser quem ele é: Um camarada em constante EVOLUÇÃO.

O que mais me chamou a atenção é que ele nunca deixou essas forças de lado para SER PERFEITO, mas ele sempre se permitiu ser refeito.

Diante dessas coisas, a melhor parte foi vê-lo direcionar suas energias, primeiramente no desejo ardente de ser pai e depois quando soube enfim que o seria.

O Davi e o Lucas (e os que vierem depois), são felizardos em aprender com ele e eu celebro o fato de que ele está sendo generoso conosco em compartilhar uma parte de seus aprendizados e ensinamentos com essa "profissão" nobilíssima de SER PAI, ainda que seja QUASE PERFEITO.

Rondinelli Palhares

14

INTRODUÇÃO

Tenho certeza que me tornei pai quando peguei pela primeira vez um dos meus filhos nos braços. A sensação de olhar para alguém e perceber o quanto sua vida vai mudar a partir daquele ponto é surpreendente e por mais que eu use as melhores palavras, essa é uma experiência que precisa ser vivida.

Na verdade, nós não somos treinados para nos tornarmos pais, nossos pais geralmente sonham com a possibilidade de sermos engenheiros, médicos, jogadores de futebol, mas nunca pai ou marido é quase nunca treinado para isso.

Fica claro que houve uma evolução ou poderia se chamar de mudança no modelo de marido e pai no último século, essa mudança tem gerado impactos negativos, mas também gerou impacto positivos em relação a criação de filhos.

Toda essa história representa exatamente a onde eu pretendo chegar, o momento em que a gente se torna pai.

Há fatos e verdades irrefutáveis sobre a paternidade, por mais que alguns tenham a pretensão de diminuir, essa que é a melhor oportunidade da vida. Certo dia, quando ia saindo para o trabalho, observei minha esposa, com meus dois filhos ainda com meses, sentados em um colchonete no chão assistindo um desenho musical, eu me lembro daquele momento com detalhes, ao observar aquela cena, meu coração explodiu de gratidão pela vida da minha esposa, a mãe dos meus filhos, por todo o esforço que ela já tinha feito, estava fazendo e que ainda iria fazer por todos nós.

Esse é o primeiro passo para ser Pai, amar a sua esposa e/ou mãe dos seus filhos, acredito que algumas pessoas possam ter uma opinião ou pensamento diferente do meu, pois esse livro trata apenas do que eu acredito como visão paterna.

O GÊNESIS

Para começarmos, eu preciso explicar qual o significado do livro de Gênesis.

Este é o livro da bíblia que conta como tudo que existe começou, como surgiram os seres humanos, inclusive a entrada do pecado e do sofrimento na humanidade. ... O livro de Gênesis ilustra que Deus escolheu Abraão, através de quem Ele criaria um povo escolhido e surgiria o Messias prometido.

Fonte: www.infoescola.com / Acesso em 18/08/2020

Esse, por ser o primeiro livro da bíblia, tende a explicar o começo de tudo, da civilização e da história do homem.

Conta como Deus Pai criou o mundo e de como amou pela primeira vez o nosso mundo. No Livro de Gênesis, é narrado o processo de criação de Deus e de como tudo aconteceu durante os setes primeiros dias. Nesse livro, existe a primeira exibição do caráter de Deus Pai, o amor, confiança e a vontade em ser Pai, através do seu primeiro filho, Adão. O amor é a essência do caráter de Deus, pais que amam fazem exatamente como Deus.

O amor do Pai, assim como o seu amor, precisa e é incondicional, ou seja, um amor que é verdadeiro, que é puro e principalmente, que não espera nada em troca. O amor é ter atitudes em favor do outro independente de seus sonhos e frustrações.

O amor que você sente pelo seu filho precisa ser extremamente semelhante ao amor de Deus.

Eu começo explicando esse conceito do amor de Deus, pois em um determinado momento me perguntei se aquele amor que sentia era "normal".

Me lembro que em um dia, estava deitado com um dos meus filhos, que tinha acabado de colocá-lo para dormir, ele deveria ter algo em torno de oito meses, e fiquei contemplando o seu sono. Naquele momento, uma pergunta surgiu no meu coração: É normal amar desse jeito?

Logo após a pergunta, Deus falou ao meu coração: Sim, é normal e esse é o meu amor.

Eu costumo dizer que ser pai ou mãe, é a maior experiência de se tornar parecido com Deus, de conhecer o amor de Deus.

CRIAR

Qualquer pessoa pode gerar uma criança, mas apenas pais podem criar seus filhos. Ser pai não é um título, é uma **função**, vai muito além da biologia.

Segundo os cartórios, mais de 80 mil crianças foram registradas sem o nome do pai em 2020*.[1]

Esses dados traduzem exatamente como grande parte dos genitores, que não são pais, pois não agem de acordo com a sua função, estão se comportando nos últimos tempos.

Como falei, o caráter de um pai precisa ser alinhado com o caráter de Deus, acredito que até para um pai que é ateu,

---

[1] https://www.em.com.br/app/noticia/gerais/2020/08/09/interna_gerais,1174535/mais-de-80-mil-criancas-foram-registradas-sem-o-nome-do-pai-em-2020.shtm   Acessado em 18/08/2020

mas que é PAI, concorda comigo em relação a esses valores, não dá para fugir disso.

A criação de filhos é sem dúvida a maior, melhor e mais difícil jornada de um pai e eu acredito que mesmo após a chegada do seu filho a fase adulta, nós pais ainda vamos continuar acompanhando de alguma forma essa criação, ou contemplando ou até nos arrependendo, pois há uma verdade, que é indiscutível, é que em algum momento iremos falhar, mas nós temos a oportunidade de ser a melhor versão de nós mesmos e isso é de inteira responsabilidade nossa.

O meu pai, que eu ainda vou contar a sua história neste livro, sempre me dizia que filhos precisam de três coisas: O que comer, o que vestir e o que calçar. E é claro que meu pai sempre esteve enganado.

Eu penso que nossos filhos precisam de três coisas: **Preparação, Orientação e Encorajamento.**

A **preparação** é como você ajusta a sua vida, a sua casa e o seu casamento à espera do filho.

A **orientação** é uma jornada longa sobre educação muito além da escola.

O **Encorajamento** é a chegada para vida adulta. Hora de ver e incentivar, ele ou ela, a levantar voo!

NOSSA HISTÓRIA DE CASAL

Eu me casei com minha esposa em 2010, tinha acabado de colar grau, eu tinha 24 anos e ela 23. Éramos bem jovens nessa época.

A minha primeira experiência com o casamento era observar e vivenciar o casamento dos meus pais, provavelmente, esse também foi o seu.

Eu tinha uma visão, baseada nessa experiência, sobre tudo que eu sabia sobre casamento, filhos e família.

Em um processo comum, tendemos a copiar os padrões de nossos pais em quase tudo na vida, ou simplesmente fazer o inverso.

Eu sempre tive o sonho de casar e ter filhos, isso nunca pareceu distante para mim, assim como era para a minha esposa, levando em consideração que casamos relativamente cedo, mas acreditamos que casamos no momento certo.

Durante os três primeiros anos é óbvio que tivemos crises, não tínhamos, como hoje é importante para nós, a consciência plena de que precisaríamos de ajuda para evoluir em nossa relação e principalmente que precisaríamos da ajuda de Deus para fazer nosso casamento prosperar.

Éramos jovens, sem muita visão e sem grandes propósitos, claro que, uma hora, nossa relação iria se desgastar. E isso aconteceu.

Após três anos de casados, tivemos a nossa separação, na época cometi adultério, decidi, isso mesmo, eu decidi, que cada um seguiria sua vida.

Ficamos quinze dias, não me lembro ao certo, separados. E durante esse período, fui tentar viver a vida de solteiro.

Mas, algo aconteceu. A minha mãe, que morava em uma outra cidade, estava em minha casa, e ligou para a minha esposa, que foi ao seu encontro em nossa casa.

Quando eu soube que iria receber a minha esposa em minha casa, fui para o quintal, na tentativa de não ter contato com ela. Por mais que a decisão da separação tenha sido minha.

Quando ela chegou, sentou-se ao sofá, conversou com minha mãe, e depois de algum tempo, foi ao meu encontro, mesmo que eu não quisesse me encontrar com a mesma.

A parte boa, é que de nada adiantou, pois ao me encontrar com ela, uma ficha caiu, a verdade no meu coração apareceu de maneira mágica, e logo eu percebi que aquela era a mulher que eu amava.

Chorei, abracei e pedi perdão. Nos reconciliamos e logo decidimos que o nosso casamento voltaria. Que iríamos tentar mais uma vez.

Uma coisa que aprendi é que o AMOR E O PERDÃO CURAM AS DOENÇAS DA ALMA.

Na minha opinião, essa era a doença da minha alma que naquele momento foi curada por causa do amor e do perdão da minha esposa.

A partir de agora, vou introduzir a história do meu pai para que você, leitor, possa entender sobre cópias de padrão.

O meu pai nasceu em uma família muito humilde, em uma cidade muito pequena, e como tradição, a família dele era grande, sendo 12 irmãos e ele era o caçula.

Ele nasceu no ano de 1951, digo isso para que você faça uma relação de tempo e cultura.

Naquela família e até hoje, as relações não eram profundas e provavelmente você conhece histórias assim.

Naquele tempo, as relações de pais e filhos não eram tão amáveis, ao contrário, meu pai sempre dizia que o maior sonho dele era completar a maioridade, sair de casa e *"ganhar o mundo", uma* expressão bem conhecida na minha região.

E assim ele fez.

Ao chegar a sua tão sonhada maioridade, pegou dinheiro com seu irmão mais velho e assim, foi para São Paulo, destino de muitos cearenses naquele tempo. Isso deveria ser algo em torno de 1969 ou 1970.

Meu pai me contou essa história com muito orgulho, crendo eu que ele tinha a vontade que eu fizesse o mesmo, pois para ele, relação entre pais e filhos não deveriam durar a vida toda.

Voltando as "aventuras de meu pai" passou um tempo, e ele conheceu sua primeira esposa no estado do Rio de Janeiro, lugar onde ele já estava morando há algum tempo depois que saiu de São Paulo, lá ele teve seu primeiro filho, o meu irmão mais velho. Passou alguns anos, a sua esposa engravidou do seu segundo filho, nesse caso uma menina, para se ter noção de quem é o meu pai, ele abandonou sua esposa com seu filho e grávida do segundo, que só conheceu em 2020.

O erro que meu pai cometeu era muito comum naquele tempo, pois as leis eram muito flexíveis em relação a isso.

Até hoje, eu não consigo entender como o meu pai conseguiu fazer isso com sua primeira esposa.

Eu conto a história dele para que possamos entender que nós pais temos basicamente duas opções: copiar padrões ou fugir completamente desses padrões que nossos pais, certamente, já reproduziram de seus pais.

Eu poderia copiar os padrões de meu pai e ter aprendido que todas essas suas atitudes eram corretas, mas, eu decidi fazer exatamente diferente, para mim, aquilo que ele tinha feito, não faria o menor sentido.

Enxergar quem meu pai é durante toda a minha vida e antes dela é muito importante para que eu não cometa os mesmos erros que ele cometeu.

Olhando para o passado, percebemos que somos o reflexo da educação de nossos pais.

Precisamos ter uma visão clara sobre nossos pais para que não venhamos a errar no futuro.

Em algum momento, todos os nossos pais falharam, pois precisamos lembrar que eles são humanos, assim, de carne e osso. E os seus filhos também experimentarão as suas falhas.

Nas próximas linhas, vou tentar lhe ensinar como eu me libertei da história do meu pai e como você pode se libertar para se preparar para a criação de seus filhos.

Como você conserta algo que está quebrado ou defeituoso? O primeiro passo para consertar algo é reconhecer que isso não está de acordo, que não funciona da maneira correta, ou seja, enxergar e admitir o problema.

Para que você possa ter uma boa jornada de paternidade, é preciso compreender e consertar as feridas, conceitos e visões que seus pais deixaram para você.

Meu pai não tinha amor pela família como deveria ter e era adúltero. Reconheci o erro do meu pai, me livrei da corrente, que começou lá no meu avô, passou para o meu pai, mas encerrou em mim.

DECIDA, esse poder é seu!

REFLEXÕES

- **QUAIS OS ERROS QUE SEUS PAIS COMETERAM QUE VOCÊ NÃO QUER COMETER COM SEUS FILHOS?**

- **QUAIS FERIDAS DENTRO DE VOCÊ PRECISAM SER CURADAS POR CAUSA DO COMPORTAMENTO DE SEUS PAIS?**

DEPOIS DA TEMPESTADE VEM A CALMARIA

EDUCAÇÃO

substantivo feminino

1. *ato ou processo de educar(-se).*
2. *Aplicação dos métodos próprios para assegurar a formação e o desenvolvimento físico, intelectual e moral de um ser humano; pedagogia, didática, ensino.*

Educação é um processo lento, árduo e que exige paciência e esperança na vida de um filho, esse processo faz base para a toda a vida adulta de seu filho.

É preciso entender que nem toda criança é exatamente igual. Quem afirma isso é um pai de gêmeos.

É muito comum que as pessoas imaginem que pelo fato de eu ser pai de gêmeos, meus filhos são iguais e possuem comportamento e desenvolvimento semelhantes. Na verdade, cada um tem seu tempo, ritmo e habilidade.

Seu filho não é e nunca será igual ao outro, uma das coisas mais importantes é conhecer seu filho e suas características, e isso leva um bom tempo seu. Nesse ponto você vai precisar se dedicar absolutamente.

Educação não é apenas fazê-lo aprender as palavras, números ou identificar os animais, que por sinal, uma boa escola pode ajudar verdadeiramente nesse processo, mas ela não é a única responsável por isso, você é responsável pela maior fatia dessa jornada.

A Educação tem a capacidade de formar um caráter da criança, sem sombras de dúvida, ela é o maior responsável pelo sucesso pessoal de seu filho.

Agora, como preparar meu filho para o futuro?

A minha primeira preocupação com meus filhos era que eles conhecessem o amor, essa era a minha primeira tarefa com eles. Eu precisava ensiná-los a serem amados.

Lembro que um dia estava acontecendo uma discussão sobre casamento em um grupo de whatsapp da minha turma ainda da graduação e um dos participantes me perguntou se o casamento era bom, se estar casado era bom.

Particularmente, eu amei aquela pergunta!

Eu respondi da seguinte maneira:

Eu casei amando a minha esposa, eu sabia do sentimento que tinha por ela, e tenho a certeza do sentimento dela por mim naquela época. Durante muito tempo a gente "apanhou" no casamento, pois não sabíamos exatamente o que fazer. Mas, depois de uma separação, uma volta, um filho perdido, aprendemos um monte de coisas, pois passamos a enxergar o nosso relacionamento de outra forma.

Há dois momentos que me fizeram amar ainda mais a minha esposa:

O primeiro foi quando perdemos o nosso filho, após a cirurgia de remoção do feto, precisei ficar com ela direto, quase vinte dias, cuidando dela quase de maneira integral. Esses cuidados que tive durante esse período foram fundamentais para o reconhecimento do meu amor por ela.

O segundo momento foi quando ela se tornou mãe, na verdade, essa ocasião foi até hoje a mais importante. Eu passei a amar, cuidar e encorajá-la de uma maneira que nunca havia feito antes.

Quando um filho chega, muitos casais brigam e se divorciam, pois nem todos possuem a maturidade para entender aquele momento, e muitas vezes aquele momento que deveria ser de felicidade, cumplicidade, carinho e parceria, torna-se um inferno.

Eu tenho uma teoria para isso acontecer:

Muitos homens quando casam passam a responsabilidade de suas mães para suas esposas, isso é comum, porém errado. Homens! Talvez por amadurecer mais lentamente que as mulheres, acabam criando essa expectativa, que talvez pelos primeiros anos de casamento até funcione, mas com a chegada do filho, isso tende a romper.

Quando um filho chega, o homem precisa entender que ele não é mais o centro das atenções, ele se torna a base de sustentação, infelizmente, nem sempre isso acontece. Muitos homens não aceitam o fato de deixar de ser o centro das atenções e ter que transferir isso para seus filhos, e com isso, a ira e a raiva tomam conta do ambiente trazendo conflitos que muitas vezes geram divórcios.

Uma pesquisa realizada pelo ChannelMum.com — uma comunidade de pais do Reino Unidos —, e The Baby Show— um programa americano de TV —, revela que um terço dos relacionamentos sofre sérios problemas nos meses após o nascimento do bebê e o pior, um quinto termina durante o primeiro ano.

[2]Segundo a pesquisa, 24% dos homens se sentiram completamente ignorados quando a mãe favoreceu o bebê, o que afirma a minha tese.

---

[2] Acessado em 19/08/2020 https://revistacrescer.globo.com/Familia/Sexo-e-Relaciona mento/noticia/2019/10/um-quinto-dos-casais-se-separa-ate -o-primeiro-ano-do-bebe.html

Mas qual o segredo para vencer essa fase?

Bem, o segredo eu não sei, mas eu posso lhe ajudar através das coisas que eu fiz e que ajudaram a manter o meu casamento muito bem, mesmo com a chegada de gêmeos!

Eu preciso que você tenha muita atenção as próximas linhas, pois foi através desse método que eu passei também a educar os meus filhos.

Nas próximas linhas, iremos ler uma mistura entre manter o casamento e educar filhos e de como você pode fazer as duas coisas ao mesmo tempo.

A primeira coisa que você, PAI, precisa saber sobre sua família é que você é a base de sustentação dela.

Durante os primeiros meses de vida de seu filho, você precisa apoiar sua esposa, e você faz isso principalmente por você ser grato por todo o esforço que ela está fazendo.

Se você é grato por sua esposa, **exerça essa gratidão**, pois se ela não for exercida, é ingratidão.

Uma mulher com um bebê já tem trabalho demais, agora imagine você, com dois bebês? imaginou aí?!

Outro ponto importante é cuidar da saúde mental de sua esposa. Se sua esposa "enlouquecer" a culpa é sua! Trago verdades.

Durante os primeiros anos de vida dos meus filho, eu sabia que além de tudo, eu era responsável pela saúde mental da minha esposa, pois cuidar de duas crianças não era uma tarefa fácil.

Eu passava o dia inteiro no trabalho e ela em casa com as crianças. Sim, eu chegava muito cansado, mas, ainda sim, **todos os dias**, eu colocava as crianças dentro do nosso carro, ela se arrumava e íamos passear em algum lugar.

Você pode estar pensando que eu sou rico ou coisa assim, mas eu não era.

Quando tínhamos dinheiro, íamos até uma sorveteria a alguns quilômetros de casa, tomávamos um sorvete e dávamos algumas voltas na praça com os meninos.

Quando o caixa estava zerado, era apenas uma volta na praça.

Eu fazia isso pois sabia da pressão que ela fazia ao longo do dia, e de como ela estava cansada, e eu sabia que sair para dar uma volta faria muito bem para a sua cabeça, eu chamo isso de **cuidar da saúde mental.**

O fato de fazermos diariamente esse exercício, fez com que minha esposa não enlouquecesse nos primeiros anos de vida dos nossos filhos, **isso garantiu uma paz na minha casa.**

O que precisamos entender sobre essa minha história é que o grande responsável pelo **equilíbrio emocional** na sua casa é **você**. E é claro que poderá atingir isso com **esforço, dedicação, reconhecimento e maturidade.**

Eu não estou dizendo que isso será fácil, ao contrário, esse é um exercício diário que exige muito esforço seu, pai.

Outra coisa importante, é que você reconheça o que agrada sua esposa, faça isso propositalmente, intencionalmente, gere um impacto positivo.

Quando você quiser dar um presente a sua esposa, vou dar uma dica importante de como você pode descobrir exatamente o que ela quer: **UTILIZE O RECURSO "SALVOS" DO INSTAGRAM,** ali estará a lista de desejos dela.

Se, ainda sim, tiver dificuldade, sugiro a leitura do livro **5 LINGUAGENS DO AMOR** de Gary Chapman.

PARTICIPE DO PROCESSO

Já ouviu falar na TEORIA DO APEGO?

A Teoria do Apego foi criada por John Bowlby, psiquiatra e psicanalista britânico, formado pela universidade de Cambridge, nascido em 1907 e viveu até 1990.

Ele considera que a infância é o ponto de partida do desenvolvimento do adulto. Em sua visão, os apegos que a criança desenvolve tem impacto na vida adulta.

A pesquisa, analisou até animais, e observou a sequência clara de reações, quando são separados de seus cuidadores.

A princípio as crianças choram, depois eles resistem às tentativas de serem acalmados por estranhos, e depois buscam os seus cuidadores. Esse comportamento não foi apresentado em animais.

Essa teoria desfaz a crença de que as crianças possuem apego somente com a mãe, o que durante anos a sociedade sustenta como verdade, entregando ao pai a oportunidade de criar vínculos profundos com a criança mesmo ainda quando bebê.

Meu pai respondia bem a esse padrão de crença da sociedade mais antiga, de que a criação e apegos aos filhos não poderiam ser profundos.

Me lembro de um dia que estava trocando a fralda de um dos meus filhos e minha mãe me disse: Essa foi uma cena que nunca vi seu pai fazer.

Tudo que você faz com seu filho: por pra dormir, trocar fralda, alimentar, brincar, ensinar, dar banho, esperar enquanto ele faz cocô, assistir desenhos, atividades artísticas, todas essas atividades são chaves que irão desenvolver vínculos profundos com seus filhos, e isso é maravilhoso.

Desde muito cedo, eu tive uma rotina de atividades com meus filhos, atividades estas que exigiam de mim muitos cuidados.

Durante os primeiros meses de vida, eu sempre dava o primeiro banho dos dois, todos os dias. Eles sempre acordam cedo, por sinal, foram eles que me ensinaram a acordar esse horário. Nunca na vida eu tinha gostado de acordar cedo, mas com a chegada deles, eu tinha um bom motivo.

Pegava o primeiro, levava-o ao banheiro e ali acontecia o primeiro banho, depois, trocava a fralda, vestia uma roupinha, e entregava a mamãe, que ainda estava deitada, pois achava que ela merecia descansar mais um pouco, já que ela certamente teria um dia bem puxado. Depois o segundo, a mesma coisa, banho, fralda e roupinha, depois, entregava a mamãe, e só depois, eu iria tomar banho e trocar de roupa para ir ao trabalho.

Todos os dias eram assim, e isso foi evoluindo, passamos pela banheira, depois chegou o banho no braço (cuidado com os ouvidos para não entrar água) e hoje, com quase 3 anos de idade, continuo fazendo a mesma coisa.

Por acaso do destino, os meus filhos não mamaram no peito, toda a alimentação deles era feita com fórmula, o que me abriu a oportunidade de, desde bebês, participar de uma maneira especial da alimentação dos meus filhos.

Eu me lembro sempre que, ao preparar o leite dos meus filhos, desde pequenos, como são gêmeos, o que mais eu tinha em casa eram mamadeiras, de todos os tipos e modelos.

Alimentar meus filhos era uma tarefa incrível e que me ajudava a construir um vínculo precioso com eles, parecia algo simples demais, mas o fato de alimentá-los desde cedo gerava uma conexão vultosa de carinho e satisfação.

Outra tarefa importante sempre foi colocar pra dormir, eu sempre coloquei meus filhos para dormir, é claro que algumas vezes eu não resistia e dormia junto, não se preocupe se isso acontecer com você.

Uma das melhores lições sobre por uma criança para dormir eu aprendi com a minha sogra, era sempre cantar a mesma canção muitas vezes, particularmente, eu amo música, antes da chegada deles, eu sempre cantava uma música quando eu orava a Deus pelos meus filhos, depois que eu os colocava para dormir, continuava cantando a mesma música, e assim segue até os dias atuais.

Eu sou muito ligado ao toque, consequentemente, os meus filhos acabaram gostando também disso, um dos meus filhos até costumava a dormir quando começava a cheirá-lo e beijá-lo, uma sequência de carinhos do pai aqui, que quase sempre terminavam em choro, um choro de gratidão por ser pai.

Nos momentos de pôr para dormir, eu ensinei os meus filhos a fazerem carinho em meu rosto, a entenderem que o toque é uma expressão de amor, através desse contato criamos conexões importantes com nossos filhos.

Eu sei, tem dias que você está cansado, e que você só quer dormir. Mas, eu lhe convido a vencer o cansaço e dedicar um tempo especial com seu filho, isso irá gerar um impacto positivo na vida dele.

REFLEXÕES

1. **COMO VOCÊ PODE DEDICAR MAIS TEMPO AOS CUIDADOS DO SEU FILHO?**

2. **QUAIS OS IMPACTOS DA SUA PRESENÇA OU AUSÊNCIA NA VIDA DE SEU FILHO?**

VOCÊ É O EXEMPLO

Cientificamente, nós somos influenciado por todas as pessoas que temos contato, até mesmo nas redes sociais, os seguidores ou amigos, que te influenciam de alguma forma. Isso chama-se "Contágio Social".

O "contágio social" é cientificamente comprovado. No estudo dos norte-americanos Nicholas A. Christakis e James H. Fowler, produzido por meio de questionários durante 32 anos, os pesquisadores mostraram que uma pessoa que está em contato com outra pessoa feliz se sente 15% mais feliz. Antes disso, o filósofo Eric Hoffer afirmou que "quando as pessoas podem fazer o que querem, em geral imitam as outras".

Quem me conhece sabe que eu não sou uma pessoa de falar muitos palavrões, eu sempre me policio bastante para não falar, é claro, que às vezes sai um p... ali!

Certo dia, estava na cozinha conversando com a Cíntia, e tive um "stress" durante essa conversa, e soltei essa maldita palavra, em seguida, o meu filho repetiu. Era melhor eu ter levado um soco, do que ouvir meu filho reproduzir aquela palavra.

Naquele momento percebi que tudo que eu fizesse ele iria aprender, principalmente aquilo que ensinamos sem intencionalidade.

Não importa o que você faça, seu filho lhe observa em tudo, em cada frase, em cada atitude, especialmente aquelas que já estão em modo automático.

Com o tempo, ele passa a associar aquelas palavras, boas ou ruins, com o momento para reproduzir.

O lado bom disso é que se você se policiar bem, o impacto no seu filho também será positivo.

Lembre-se, todos os dias eles aprendem algo sobre você.

Não poderia deixar de citar que tudo que eles consomem, em especial os desenhos animados, também geram impacto na criação de seus filhos.

As primeiras expressões que eu ensinei para os meus filhos foram: ***eu te amo e obrigado.***

Considero duas expressões poderosas, com sentido profundo e que geram norte nas características de nossos filhos.

INSTRUA A CRIANÇA
SEGUNDO OS OBJETIVOS
QUE VOCÊ TEM PARA ELA,
E MESMO COM O PASSAR
DOS ANOS NÃO SE
DESVIARÁ DELES.
PROVÉRBIOS 22:6

A SUA FIDELIDADE
GERA FRUTOS
GRATIFICANTES

Meu pai foi um homem adúltero, e eu sempre soube disso quase a minha vida toda, ainda me lembro de quando era pequeno e saia com ele de carro, só nós dois, ele passava na rua e buzinava para as mulheres, me lembro do dia que ele parou em um bar, descemos e ele ficou sentado com duas mulheres em uma mesa. Nesse dia, eu cheguei em casa e contei para a minha mãe. Desde esse dia, ele nunca mais me levou a canto nenhum.

Eu devia ter oito anos de idade quando ouvi pela primeira vez a palavra depressão, minha mãe foi a primeira pessoa que eu conheci a ter essa doença.

Minha mãe nasceu em uma cidade do interior do Ceará, em 1950. Terceira filha e última filha de um casal, algo raro naquele tempo, muito diferente da família do meu pai.

Minha mãe, diferente de meu pai, conseguiu ter relações profundas com seus pais e irmãos, por mais que seu pai tenha falecido aos 48 anos, ela conseguiu construir uma relação amorosa e lembra-se sempre com muito carinho por seu pai.

Eu fui o último neto da minha avó, costumo dizer que ela já estava cansada de ser avó quando cheguei, por isso, eu nunca fui o querido dela, esse papel era da minha irmã.

A minha avó era uma mulher muito preconceituosa, principalmente com meu pai, que era um homem negro e pobre que queria namorar a sua filha caçula, mas, minha mãe por ser uma pessoa muito teimosa e segura de si, insistiu e até a escrita deste livro, continua casada com ele.

A minha mãe, mesmo sendo financeiramente independente de meu pai, pendurou nele sua auto estima e alegria de vida, e o comportamento do meu pai, um homem adúltero, que nunca não se constrangeu em ser descoberto.

A infidelidade de meu pai com minha mãe foi extremamente nociva a nossa família, trazendo durante mais de 20 anos uma dor que só foi curada através do amor.

A família de minha mãe, mesmo sendo pequena, não consegue ser unida, todos se tratam como se não conhecessem um ao outro, o que pra mim sempre trouxe um sentimento estranho.

Em dias recentes, conversando com meus pais, mostrei para eles que meus filhos, os primeiros netos de minha mãe, foram os responsáveis por nos ensinar a viver em família.

Meus pais, quando éramos pequenos, promoviam entre eu e minha irmã competições e recompensas com base no descrédito. O que aconteceu conosco? Vivemos uma vida distante um do outro, quase como se fôssemos apenas conhecidos. Nunca conseguimos desenvolver laços de amizade e de amor. Eu não posso afirmar que isso é culpa apenas dos meus pais, mas, certamente, foi uma semente plantada, e como a lei de semeadura funciona, ela frutificou.

A infidelidade de meu pai gerou frutos venenosos a nossa família, e a primeira que foi envenenada foi minha mãe e consequentemente, os filhos.

Eu mudei essa história na minha família, a primeira coisa foi entender que eu não deveria repetir os padrões de meu pai, a segunda, que se eu estivesse disposto a ver minha família crescer saudavelmente, eu precisaria investir na fidelidade e no amor, não apenas para a minha esposa, mas para os meus filhos.

Provavelmente você conhece alguém que se divorciou e isso impactou diretamente na vida dos filhos, certamente de maneira negativa.

Você precisa decidir ser fiel, e entender que todo o seu compromisso com sua esposa e família serão grandemente recompensados através dos ensinamentos que você tem passado para os seus filhos e isso causará impacto para gerações.

A FAMÍLIA DA MINHA ESPOSA E A INFLUÊNCIA

A família da minha esposa é completamente diferente da minha, essa diferença traz diversos benefícios na educação dos meus filhos, princípios que aprendi a acreditar que podem fazer diferença no desenvolvimentos deles.

Diferente da minha, a família dela tem a capacidade de gerar conexões verdadeiras e amorosas, percebo por exemplo, que há uma cumplicidade e amor entre as relações de irmãos, o que na minha visão é extremamente positivo, levando em consideração que não existe isso na minha.

As relações entre parentes, tios e primos também tem um perfil extremamente família, e não simplesmente uma obrigação. Existe verdadeiramente um amor, uma relação construída desde o berço, envolvendo primos como "melhores amigos".

Isso ocorre totalmente diferente na minha família, onde uns não sabem nem o nome do outro.

A maior lição sobre a família da sua esposa é que você precisa respeitar, assim como você quer que sua família seja respeitada. Respeite os laços que foram construídos durante anos, de geração em geração.

VOVÓ E VOVÔ, COMO LIDAR

Tem um ditado popular que fala que **"A mãe cria, os avós estragam"** esse ditado por ser encarado como uma meia verdade dependendo de como sua casa é organizada.

Tanto os meus pais, como os meus sogros, são avós generosos e dedicados.

Minha sogra nos ajudou demais durante os primeiros anos de vida com nossos filhos, ali foram momentos de aprendizados e difíceis, mas ela venceu o cansaço e nos ajudou de maneira excepcional durante toda essa jornada e eu aprendi coisas valiosas com ela.

Minha mãe, mesmo com suas limitações de idade e saúde, até hoje, se dedica ao máximo a eles, e claro que as duas exercem de maneira total o papel de avó, cuidam, brincam e claro, fazem todas as suas vontades.

Isso não é diferente com meu pai e meu sogro, que também exercem seu papel trazendo carinho, brincadeiras e muitas vezes, um chocolate.

Tanto minha sogra quanto minha mãe se tornaram avós através da chegada de meus filhos, é claro que essa foi uma chegada esperada, comemorada e muito bem vivida até hoje. Por sorte, Deus me enviou gêmeos e nunca houve ciúmes.

Mesmo com todo amor, dedicação e interferência delas, duas coisas sempre estavam claras em nossa mente:

1. **Que elas tinham muito a ensinar;**

Ambas, tinham feito uma jornada de maternidade com muito empenho e dedicação, regadas de muito amor e cuidado. É claro que sempre precisamos ouvir seus conselhos de maneira racional.

2. **E que eles são importantes, mas nunca nos iriam substituir.**

Por mais maravilhosas que elas sejam, não podemos permitir que elas "terceirizem" a nossa função de pai e mãe.

Segundo uma pesquisa produzida pela Conferência Nacional da Academia Americana de Pediatria, em 2018, mostrou que o número de avós que criam os netos nos Estados Unidos aumentou nos anos anteriores. Os pais não estariam conseguindo cumprir com as responsabilidades da paternidade e estão pedindo o auxílio dos idosos.

[3]O resultado foi divulgado na Revista Pais e Filhos em março de 2019. Conforme publicado na edição, a responsabilidade de criar os pequenos pode acabar desenvolvendo **problemas de saúde nos avós.**

Em contrapartida, um estudo publicado na Evolution and Human Behavior garante que os avós que cuidam dos filhos dos filhos vivem mais do que os que não participam da educação das crianças.

---

[3]

https://www.midiamax.com.br/midiamais/2019/numero-de-avos-que-criam-os-netos-cresce-com-o-passar-dos-anos

Os entrevistados que criavam os netos viveram cerca de 10 anos após o estudo ser concluído. Já os que não ficavam com os pequenos morreram cinco anos antes. Essa pesquisa traduz coisas importantes e como devemos tratar o papel dos avós durante o processo, longo e difícil, de criação dos nossos filhos.

Durante o primeiro ano de vida de meus filhos, um deles teve um problema respiratório, no caso, pneumonia. A minha sogra tem uma longa experiência com doenças respiratórias, já que todos os seus filhos são asmáticos, certo dia, me lembro que era um sábado e ela iria dormir em nossa casa, nessa noite, eu e minha esposa queríamos uma coisa: **DORMIR A NOITE TODA!** Você sabe como uma noite de sono é importante nessa fase da vida e como isso pode ser difícil. Pois bem, estávamos em casa, preparamos a nossa dormida e a das crianças, após alguns minutos minha sogra nos chama e fala que a respiração de um deles não estava normal.

Eu e minha esposa não percebemos essa diferença na respiração dele, então levamos ao hospital, que durante a madrugada, foi diagnosticado com pneumonia e para completar, dois dias depois o nosso outro filho contraiu uma bronquiolite.

Lições importantes:

1. Sua hora de dormir a noite toda ainda vai chegar. Geralmente, após o segundo ano de vida da criança.

2. A presença da minha sogra salvou meu filho. Graças a Deus!

3. Seja sempre grato, mesmo cansado.

4. Deixa a avó ser avó, nunca mãe. Não entregue a ela uma jornada que é sua, pois o TEMPO é um ativo que não se recupera.

CRIANÇAS NO HOSPITAL

Durante os primeiros anos de vida de uma criança é normal idas e vindas aos pediatras. Febre, dores de barriga, gripes, tudo isso pode acontecer com seu filho, é preciso ter cuidado e ficar atento a todos os sinais.

Como contei no capítulo anterior, a parte mais difícil foi quando precisamos internar um de nossos filhos, os primeiros dias foram tensos e tivemos um medo que nunca tínhamos tido antes, o medo de perder. Confesso que nunca tinha chorado tanto em minha vida.

Nessa internação que já estava sendo muito difícil, o nosso outro filho também ficou doente, porém, não precisou ser internado, mas ainda sim, todos os dias precisava levá-lo ao hospital para novos exames.

Ao total, esse período demorou 15 dias, esse foi o período mais difícil de nossas vidas até hoje com eles, mas não podemos deixar de mencionar o quanto evoluímos durante esse tempo.

Vale ressaltar, que durante esse tempo, tivemos um apoio extremamente especial do Hospital São Camilo de Fortaleza, que nos recebeu com muito amor, cuidado e empatia. Toda a equipe que nos apoiou agiu de maneira especial, o que facilitou verdadeiramente a passagem por esse momento. Aqui, nossos verdadeiros agradecimentos a toda equipe.

O PODER DO "EU TE AMO"

Mesmo antes deles começarem a falar essa frase, ela já tem poder. Todos os dias, do acordar ao dormir, essa frase precisa ser dita e, claro, vivida.

O "eu te amo" aquece o coração e garante que toda a jornada, por mais difícil que seja, valerá a pena. Vivo, todos os dias, a vida de pai com muito empenho, ensinando a amar e disciplinando.

O "eu te amo" na família precisa ser o lema do **"eu não desisto de você, nunca"** "Eu te amo" precisa ser dito em **todos os momentos**, não precisa ser apenas em momentos especiais. "Eu te amo" previne a tristeza, a falta de alegria, e a falta de amor. Todos os dias é dia de "Eu te amo".

"Eu te amo" é **revolucionário**, é brigar com o sistema, é ir **além da conta**. "Eu te amo" não pode ser limitado, todo dia é um bom dia para dizer **"Eu te amo".**

97

Filhos, eu os amo!

VIDA DE IRMÃOS

Diariamente precisamos encorajar nossos filhos a serem os melhores amigos.

Um dia, iremos embora e eles ficarão e o vínculo que é criado pelo amor, dedicação e parceria permanecerá de geração em geração.

Obrigado Pai pela vida dos meus filhos.

"Nenhum preço é alto demais pela redenção de um filho. Não há energia grande demais, nem esforço intenso demais. Um pai andará a qualquer distância para achar seu filho".

Deus também...

Max Lucado

NÃO CRITIQUE
NÃO CONDENE
NÃO RECLAME

Algumas vezes, podemos confundir a crítica com a educação. Uma, quase sempre se afasta da outra. Um texto que me fez ainda mais perceber que a **CRÍTICA não EDUCA** foi o escrito por Father Forgets (O Pai Perdoa). Publicado inicialmente como um editorial no diário People's Home Jornal, no início do século 19, ele já foi reproduzido milhares de vezes e em vários idiomas. Leia esse desabafo tão sensível:

Escute, filho: enquanto falo isso, você está deitado, dormindo, uma mãozinha enfiada debaixo do seu rosto, os cachinhos louros molhados de suor grudados na fronte. Entrei sozinho e sorrateiramente no seu quarto. Há poucos minutos atrás, enquanto eu estava sentado lendo meu jornal na biblioteca, fui assaltado por uma onda sufocante de remorso. E, sentindo-me culpado, vim para ficar ao lado de sua cama.

Andei pensando em algumas coisas, filho: tenho sido intransigente com você. Na hora em que se trocava para ir à escola, ralhei com você por não enxugar direito o rosto com a toalha. Chamei-lhe a atenção por não ter limpado os sapatos. Gritei furioso com você por ter atirado alguns de seus pertences no chão.

Durante o café da manhã, também impliquei com algumas coisas. Você derramou o café fora da xícara. Não mastigou a comida. Pôs o cotovelo sobre a mesa. Passou manteiga demais no pão. E quando começou a brincar e eu estava saindo para pegar o trem, você se virou, abanou a mão e disse: "Tchau, papai!" e, franzindo o cenho, em resposta lhe disse: "Endireite esses ombros!"

De tardezinha, tudo recomeçou. Voltei e quando cheguei perto de casa vi-o ajoelhado, jogando bolinha de gude. Suas meias estavam rasgadas. Humilhei-o diante de seus amiguinhos fazendo-o entrar na minha frente. As meias são caras – Se você as comprasse, tomaria mais cuidado com elas! Imagine isso, filho, dito por um pai!

Mais tarde, quando eu lia na biblioteca, lembra-se de como me procurou, timidamente, uma espécie de mágoa impressa nos seus olhos? Quando afastei meu olhar do jornal, irritado com a interrupção, você parou à porta: "O que é que você quer?", perguntei, implacável.

Você não disse nada, mas saiu correndo num ímpeto na minha direção, passou seus braços em torno do meu pescoço e me beijou; seus braços foram se apertando com uma afeição pura que Deus fazia crescer em seu coração e que nenhuma indiferença conseguiria extirpar. A seguir retirou-se, subindo correndo os degraus da escada.

Bom, meu filho não passou muito tempo e meus dedos se afrouxaram, o jornal escorregou por entre eles, e um medo terrível e nauseante tomou conta de mim. Qual era o meu hábito diante de mim? O hábito de ficar achando erros, de fazer reprimendas? Era dessa maneira que eu o vinha recompensando por ser uma criança. Não que não o amasse; o fato é que eu esperava demais da juventude. Eu o avaliava pelos padrões da minha própria vida.

E havia tanto de bom, de belo e de verdadeiro no seu caráter. Seu coraçãozinho era tão grande quanto o sol que subia por detrás das colinas. E isto eu percebi pelo seu gesto espontâneo de correr e de dar-me um beijo de boa noite. Nada mais me importa nesta noite, filho. Entrei na penumbra do seu quarto e ajoelhei ao lado de sua cama, envergonhado!

É uma expiação inútil; sei que, se você estivesse acordado, não compreenderia essas coisas. Mas amanhã eu serei um papai de verdade! Serei seu amigo, sofrerei quando você sofrer, rirei quando você rir. Morderei minha língua quando palavras impacientes quiserem sair pela minha *boca. Eu irei dizer e repetir, como se fosse um ritual: "Ele é apenas um menino, um menininho!"*

Receio que o tenha visto até aqui como um homem feito. Mas, olhando-o agora, filho, encolhido e amedrontado no seu ninho, certifico-me de que é um bebê. Ainda ontem esteve nos braços de sua mãe, a cabeça deitada no ombro dela. Eu exigi demais de você, demais.

Antes de criticar seu filho, esforça-se em conhecê-lo, saber cada origem de suas reações. Se ele for pequeno, dedique-se a ele ensinando, ainda não é o momento para críticas. Cultive uma relação com seu filho baseada no diálogo, compreensão, compaixão, tolerância e bondade. Não condene seu filho.

ELOGIE

O elogio, quando feito com verdade, diferente da bajulação, pode trazer impactos positivos à criança. Segundo Sigmund Freud, o ser humano tem como desejo maior "o desejo de ser grande".

O elogio provoca na criança um sentimento de importância, que deve ser valorizado na criação de vínculos na família. E claro, como que se é exagerado e não verdadeiro, como a bajulação, pode afetar de maneira negativa a criação de seu filho, gerando um adolescente com grande dificuldade de se relacionar com outras pessoas.

Adquira sabedoria para saber e conhecer o ponto de equilíbrio no coração e mente do seu filho, bajulação não resolve tudo, saber valorizar é uma das melhores atitudes que você pode ter em amor por seu filho. Nada alegra mais uma criança que a aprovação de seus pais. Lembre-se: seja honesto e sincero em seus elogios.

Aproveite o amor de pertinho.

Escrito por Paula Jacome.

Um dia, assim, do nada, ele vai parar de chamar pra dar o beijo e fechar a janela antes de dormir. Um dia assim... Do nada.

Ele vai trancar a porta do banheiro para tomar banho, vai estudar sozinho para a prova, vai receber a ligação de um amigo.

Vai ligar o microondas e esquentar o próprio leite de manhã. Um dia, ele vai fazer um bolo para você e à própria panqueca. E vai compreender, sem chorar ou reclamar, que não precisa de outra mochila pra começar o ano escolar. Ele vai parar de deixar todos os brinquedos espalhados pela casa... Porque não vai mais brincar tanto. Um dia, sem avisar, ele vai crescer. E você vai se orgulhar de quem ele é agora. Da semente que plantou. Vai olhar e ver que tudo que fez compensou, valeu a pena.

Mas até lá, aproveite o cansaço de ninar o seu bebê todos os dias, aproveite a falta de espaço na cama com seu filho no meio, aproveite enquanto cabe todo mundo na cama. A falta de tempo e energia pra namorar. Aproveite a desobediência, aproveite o barulho, o cheiro, o andar tropeçando em brinquedos.

Aproveite o trabalho, a preocupação, a tarefinha da escola, o bilhetinho de dia das mães.

Aproveite o amor de pertinho enquanto eles são crianças... Um dia você vai lembrar que ele não te chamou pra dar o beijo na hora de dormir, e vai lembrar que ele só gostava de dormir no colinho, ou na sua cama... Seu coração vai apertar e você vai chorar... Eu chorei... Mesmo adorando tudo que ele é agora, amando tudo que ele faz e a relação que temos hoje. Mas ele não cabe mais no colo, só no coração mesmo.

Paula Jacome

NÃO COMPARE SEUS FILHOS

Sou pai de gêmeos, é natural as pessoas imaginarem que eles são idênticos, na verdade, desconheço uma pessoa tão diferente como meus filhos, um do outro.

Comparar um filho com outro provavelmente não irá lhe ajudar em nada na criação deles, ao contrário, provavelmente irá lhe fazer observá-los para perspectiva errada.

Quando você usa de comparativos, é muito provável que você deixará de enxergar algo em um de seus filhos, principalmente se você comparar seu filho a um filho de amigo ou algo do tipo. A comparação é uma forma de enxergar alguém através de outro e isso não costuma ter bons resultados.

Se você quiser discutir a vida de seus filhos, faça isso através da comunicação empática entre você e sua esposa. Um precisa ouvir o outro nesse momento. Nada de competições.

Comparar um filho com outro é injusto com eles e provavelmente só irá lhe frustrar. Quanto mais cedo aprender a reconhecer seu filho, mais cedo entrará no caminho da boa educação.

O EQUILÍBRIO ENTRE SER PAI E PROFISSIONAL

Seus filhos precisam do seu tempo, sua carreira também. Mas, agora, como equilibrar isso através de um recurso tão limitado: o tempo.

Antes de ser pai, eu já tinha uma vida profissional, você também. Em tese, os melhores anos de nossa produtividade profissional podem coincidir com a chegada dos filhos. Saí da faculdade aos 24 anos, e tive filhos aos 31. Aos 31 é claro que estava em um momento de "sucesso" profissional.

Tinha empresas e nome conhecidos no meu mercado de trabalho, já tinha ganho prêmios de universidades, veículos de comunicação, federações e revistas globais. Mas, claro, ainda tinha muita coisa para fazer.

Há algumas coisas que você precisa entender sobre isso:

Não há um "tempo perfeito" para ter filhos; se você esperar provavelmente não irá acontecer;

Você, por um tempo, não irá conseguir equilibrar sua carreira com a criação dos seus filhos; ajuste sua carreira e dedique-se ao que é importante: sua família;

Sim, você precisa ser provedor, mas não só isso. Dinheiro é importante sim, principalmente quando se tem filhos, definir novas formas de renda e controlar bem os gastos podem te ajudar bastante durante todo o processo. Seja realista e faça o seu melhor para a sua família, com você estando nela, não fora.

Seus filhos vão crescer, planeje investimentos a longo prazo, focado nas necessidades deles, por exemplo, intercâmbio aos 16 anos, um curso no exterior. Faça isso enquanto você é jovem para ter tempo suficiente.

Filhos são benção, eles vão te ajudar a ter criatividade e força para aprender coisas novas.

Filhos não irão lhe prender para sempre, isso é uma fase, logo depois você poderá dedicar a outras coisas também, você e sua esposa sentirão o tempo certo de fazer isso.

Se prepare para viver a adolescência do seu filho, não espere chegar lá para isso.

Se tiver dificuldade, procure ajuda, grupos de casais, igrejas e psicólogos podem e muito lhe ajudar.

Aprenda e ensine Gestão Financeira. Você e seus filhos irão precisar.

"A SABEDORIA DA VIDA
CONSISTE NA ELIMINAÇÃO
DO QUE NÃO É ESSENCIAL"
LIN YUTANG

O TEMPO

A paternidade me fez entender mais ainda a preciosidade e a escassez de tempo.

Durante muito tempo administrei-o de maneira errada, me dedicando a coisas que não eram importantes e principalmente com pessoas que não agregaram a minha vida.

Em 2020, durante a pandemia da COVID19, passei de março a dezembro em home office, foi quando me dediquei a escrever esse livro.

Nesse período, claramente tive a oportunidade de ver e acompanhar de perto uma fase dos meus filhos: a fase das perguntas. Eles passaram a iniciar suas primeiras perguntas, perguntas simples como: O que você está fazendo, papai?

Através desse tempo em casa, ver o desenvolvimento dos meus filhos e ouvir e participar de seus primeiros diálogos, não era só pedidos, eram perguntas e explicações, e é claro que em cada pergunta nova, em cada explicação, o coração se encheu de gratidão.

Dormirem sozinhos, sem que seja preciso pôr para dormir, subirem, desmontar coisas, ligarem e desligarem a TV, jogar bola, se sentirem seguros na piscina, largarem a chupeta, conhecer novos super heróis favoritos, irem ao banheiro sozinho, deixarem de usar fralda, aprenderem a jogar no celular, identificar todos os animais, assistirem filmes e documentários, saberem sobre os planetas, conhecerem os números, as letras, pessoas, os momentos. Ufa! Tanta coisa para você conhecer e ver do seu filho.

Quero nesse momento te encorajar a criar um compromisso com a vida de seu filho, a lhe fazendo entender o quanto você é ESPECIAL por ser pai dele ou dela. A entender o quanto Deus confia em você nessa missão, não importa se ela nasceu da barriga ou do coração, seu filho ou sua filha são frutos do amor, da graça, da generosidade e da confiança de Deus.

Você é importante, não pela sua profissão, não pelo seu dinheiro, não pelo seu status, você é importante pois você é o PAI do seu filho ou da sua filha.

Seu filho vale cada segundo, cada esforço, cada sim e cada não que você dá ao mundo e a cada sim para a sua família.

Há recompensas reais em cuidar da sua família, há um pote com tesouros que só você e sua família poderão abrir. Há verdade no amor, na família, na dedicação, no esforço, na sua casa, no seu lar.

Seja um construtor do seu lar, decida ser a mão de obra que sua casa precisa, para se manter firme debaixo da Glória de Deus.

Sua família não existe à toa, não é um acidente, você não é um acidente, seu filho não é um acidente, sua esposa não é um acaso. Insista, nunca haverá motivos verdadeiros para desistir da sua família. Nunca!

LEGADO

Muitos pais têm a preocupação de deixar bens e posses aos seus filhos, de maneira alguma isso está errado, mas a pergunta que eu lhe faço é: Qual o legado além de bens e posses que você deseja deixar para os seus filhos?

Legado significa disposição de última vontade pela qual o testador deixa a alguém um valor fixado ou uma ou mais coisas determinadas e ainda, ente querido, bem ou missão confiada a alguém por pessoa que está a ponto de morrer.

Um dia, eu e você, iremos partir, deixaremos esse plano, essa é uma verdade irrefutável, o que deixaremos de mais valioso para os nossos filhos?

Muitas vezes, usamos nosso tempo para pôr filho para dormir, dar suas refeições ou levarmos a escola, mas são esses momentos que são relevantes na construção da identidade e do caráter de nosso filho, a construção do nosso legado também é feita em momentos como esse. Não se engane, todo tempo ao lado do seu filho, é uma lição na construção do mesmo.

Essa é uma responsabilidade sua, intransferivel, empenhem-se em construí-la.

Nas situações de alegria, de dor ou tristeza, em qualquer situação, a impressão do seu legado será feita por seu filho, através das atitudes e pensamentos. Isso ele levara-a para sempre em sua vida.

O que você deseja deixar para o seu filho de mais importante?

CONCLUSÃO

TENHA

Calma, fé e esperança. Você e seus filhos precisarão muito ainda.

Seja paciente em ensiná-lo, ele ou ela, precisam que você faça isso.

Sim, você é capaz de ensiná-los a crescerem e serem os melhores.

Tenha fé que tudo dará certo, com certeza de que está no caminho certo, sempre fazendo e observando o seu plano de vida.

Crie esperança de dias melhores para seus filhos, lembre-se, você e eu, estamos aqui, mas nós não estamos nesse plano.

CONSTRUA

Construa legado e fidelidade ao seu filho e sua família.

Ensine o caminho certo.

Lembre-se: você é o exemplo.

Qual legado pretende deixar?

SEJA

Seja simples e não simplista.

Seja um homem de fé, coração nobre e pés no chão.

Seja generoso. Isso vai além da caridade.

Seja verdadeiro. A verdade sempre é o melhor caminho.

A verdade pode doer hoje, mas amanhã ela sara.

Seja presente.

FAÇA

Faça o seu melhor. Você não precisa ser melhor do que ninguém. Também ninguém é melhor do que você.

Faça da sua vida o que você bem entende, mas cuidado com os impactos de suas decisões na vida de outras pessoas, principalmente na de seus filhos.

Faça com amor. ***"tudo que fizerem façam como para o senhor"*** há um Deus que ama e confia em você. Pai, você nunca estará sozinho. Deus abençoe.

EXERCÍCIOS E REFLEXÕES

LISTE 10 QUALIDADES SUAS COMO PAI:

____

____

____

____

____

____

____

____

____

LISTE 10 QUALIDADES SUAS COMO ESPOSO:

145

LISTE 10 PONTOS QUE VOCÊ PRECISA MELHORAR COMO PAI:

146

LISTE 10 PONTOS QUE VOCÊ PRECISA MELHORAR COMO ESPOSO:

www.ingramcontent.com/pod-product-compliance
Lightning Source LLC
Chambersburg PA
CBHW061349250726
48657CB00004B/1400